Bibliografische Information der Deutschen Nationalbibliothek:

Die Deutsche Bibliothek verzeichnet diese Publikation in der Deutschen National-
bibliografie; detaillierte bibliografische Daten sind im Internet über http://dnb.d-
nb.de/ abrufbar.

Impressum:

Copyright © 2009 GRIN Verlag
Druck und Bindung: Books on Demand GmbH, Norderstedt Germany
ISBN: 9783640338368

Dieses Buch bei GRIN:

https://www.grin.com/document/127807

Nina Schlüter

Die Notwendigkeit der Mitarbeitermotivation und die Rolle des Motivationsprozesses

GRIN Verlag

GRIN - Your knowledge has value

Der GRIN Verlag publiziert seit 1998 wissenschaftliche Arbeiten von Studenten, Hochschullehrern und anderen Akademikern als eBook und gedrucktes Buch. Die Verlagswebsite www.grin.com ist die ideale Plattform zur Veröffentlichung von Hausarbeiten, Abschlussarbeiten, wissenschaftlichen Aufsätzen, Dissertationen und Fachbüchern.

Besuchen Sie uns im Internet:

http://www.grin.com/

http://www.facebook.com/grincom

http://www.twitter.com/grin_com

Die Notwendigkeit der Mitarbeitermotivation

&

die Rolle des Motivationsprozesses

Referat im Fach Führung von Mitarbeitern (FGI01)

AKAD Hochschule Stuttgart

von

Nina Schlüter

Inhaltsverzeichnis

Abkürzungsverzeichnis

B

bzw.   beziehungsweise

G

ggü.   gegenüber

I

insg.   insgesamt

i. B.   in Bezug

S

sog.   so genannte

U

u. a.   unter anderem

Z

z.B.   zum Beispiel

1 Einführung

„Was ist der Erfolg Ihres Unternehmens?" – die meisten Manager bzw. Unternehmen, denen solch ein Frage gestellt wird antworten meistens gleich: „Business is people". Es ist Fakt, dass kein Unternehmen langfristig am Markt bestehen kann ohne das Wissen oder die tätigkeitsspezifische Erfahrung der Menschen bzw. Mitarbeiter richtig zu nutzen. Menschen stellen die Träger der Kompetenz dar.[1] Eine wahrnehmbare Berücksichtigung der Ziele, Wünsche, Visionen und Interessen von Mitarbeitern sollten im Einklang mit dem Zielgefüge des Unternehmens stehen.[2] Zudem haben sich durch den gesellschaftlichen Wandel der letzten Jahrzehnte, eben diese Ziele, Wünsche, Visionen und Interessen der Mitarbeiter und auch deren Einstellungen ggü. Ihrer Arbeitstätigkeit im Generellen verändert. Gerade vor diesem Hintergrund, gewinnt der Aspekt der Mitarbeitermotivationen in den Unternehmen einen immer größer werdenden Stellenwert.

Die vorliegende Arbeit wird zunächst die Mitarbeitermotivation an sich im inhaltstheoretischen Kontext beschreiben. Im Anschluss daran, wird die spezifische Rolle des Motivationsprozesses anhand des einfachen Motivationsmodells (Staehle) und einem ganzheitlichen Ansatz nach Porter, prozesstheoretisch näher betrachtet.

2 Die Notwendigkeit der Mitarbeitermotivation und die Rolle des Motivationsprozesses

2.1 Die Verbindung zwischen Bedürfniserfüllung und Motivation

2.1.1 Motivationstheoretische Ansätze

Der wohl bekannteste Vertreter der Motivationstheorie ist Abraham Maslow, der mit seiner Bedürfnispyramide die Motivationen von Menschen beschreibt. Er geht davon aus, dass der Mensch an sich nach Selbstverwirklichung strebt, genauer gesagt, sich selbst zu vervollkommnen versucht. Nach Maslow gibt es zwei Hauptkategorien mit insg. fünf Unterkategorien von Bedürfnissen, die aufeinander aufbauen. Zum einen die sog. Defizitbedürfnisse (physiologische Grundbedürfnisse, Sicherheitsbedürfnisse, soziale Bedürfnisse und Wertschätzungsbedürfnisse) und zum anderen die Wachstumsbedürfnisse (Selbstverwirklichungsbedürfnisse).

---

[1] Vgl. Rampersad, H. K. (2004), Seite 5
[2] Vgl. Sprenger, R. K. (1995)

Maslow geht davon aus, dass ein höher kategorisiertes Bedürfnis erst dann befriedigt werden kann bzw. zum Bedürfnis an sich wird, wenn ein Bedürfnis aus einer unteren Kategorie befriedigt worden ist.[3]

Einen weiteren wichtigen Grundstein in der Motivationstheorie legte Frederick Herzberg mit seiner 2 Faktoren Theorie. Im Rahmen seiner sog. Pittsburgh-Studie[4] kam Herzberg zu dem Ergebnis, dass das Gegenteil von Arbeitszufriedenheit nicht Arbeitsunzufriedenheit, sondern keine Arbeitszufriedenheit ist. Ebenso ist das Gegenteil von Arbeitsunzufriedenheit nicht Arbeitszufriedenheit, sondern keine Arbeitsunzufriedenheit. Diese neuen Erkenntnisse fasste Herzberg als Hygienefaktoren (Unzufriedenmacher) und Motivatoren (Zufriedenmacher) zusammen. Seiner Meinung nach tragen die sog. Hygienefaktoren zu Unzufriedenheit bei den Mitarbeitern bei, wenn ihnen diese Faktoren nicht in vollem Umfang zur Verfügung stehen, z.B. eine angemessene Bezahlung. Die sog. Motivatoren sind seiner Ansicht nach Faktoren, die die individuellen Bedürfnisse der Mitarbeiter befriedigen und somit zu dessen Zufriedenheit beitragen, z.B. Lob oder mehr Verantwortung.[5]

Neben A. Maslow und F. Herzberg bietet Douglas McGregor mit seiner Theorie XY einen weiteren wichtigen Motivationstheoretischen Ansatz. McGregor stellt zwei völlig gegensätzliche Theorien von Menschenbildern dar, die seiner Meinung nach Vorgesetzte von ihren Mitarbeitern haben. Zum einen die Theorie X, nach der der Mensch eine angeborene Abneigung gegen die Arbeit hat und versucht, diese zu vermeiden. Der Mensch scheut sich generell vor jeder Verantwortung und strebt nach Sicherheit. Dies führt dazu, dass dieser zur Arbeit gezwungen, dabei geführt, permanent kontrolliert und mit Strafe bedroht werden muss, um effizient arbeiten und somit einen optimalen Beitrag zur Erreichung der Organisationsziele leisten zu können. Zum anderen die Theorie Y, nach der der Mensch von Natur aus leistungsbereit ist. Arbeit hat eine tragende Rolle in Bezug auf die Zufriedenheit und Motivation des Menschen. Wichtige Arbeitsanreize bieten hierbei die Befriedigung der Ich-Bedürfnisse und das Streben nach Selbstverwirklichung. Deshalb sind Bedingungen zu schaffen, die den Menschen motivieren, durch die er Verantwortung übernimmt und

---

[3] Vgl. Merkli U.; Paschen K., Börkirchen H. (2009), Seite 27 - 29
[4] In den 50er Jahren wurden im Rahmen dieser Studie 2003 Arbeiterinnen und Arbeiter befragt, wann sie entweder besonders zufrieden oder besonders unzufrieden bei der Ausführung Ihrer Arbeit waren.
[5] Merkli U.; Paschen K., Börkirchen H. (2009), Seite 30 - 31

Eigeninitiative ergreift. In Folge dessen sind permanente Kontrollen nicht notwendig, da sich der Mensch mit den Zielen der Organisation identifiziert und dem entsprechend handelt.[6]

2.1.2 Emotionale Triebkräfte und deren Funktion als Motivationstreiber im Unternehmen

Im voran gegangenen Kapitel wurde bereits näher auf die verschiedenen motivationstheoretischen Ansätze zur Bedürfniserfüllung eingegangen (vgl. Maslow/ Herzberg/ McGregor). Der Zusammenhang zwischen solch einer Bedürfniserfüllung und Mitarbeitermotivation im Generellen, lässt sich außerdem durch sog. „emotionale Triebkräfte" näher herleiten. Paul R. Lawrence und Nitrin Nohria gehen genau diesen Schritt weiter. In ihrer 2003 erschienenen Publikation „Driven. Was Menschen und Organisationen antreibt" werden auf der Basis Disziplin übergreifender Studien im Bereich der Neurowissenschaft, der Biologie und der Evolutionspsychologie sog. emotionale Triebkräfte des menschlichen Handelns identifiziert.[7] Im Folgenden werden genau diese Triebkräfte kurz erörtert und auf Grundlage derer gezielte Hebelwirkungen und Ableitungen von Maßnahmen im Unternehmen dargestellt.

Besitztrieb

Der Trieb, etwas besitzen zu wollen, charakterisiert das Bedürfnis, ein bestimmtes, meist knappes, materielles oder immaterielles Gut zu besitzen oder auch einen gewissen sozialen Status zu erlangen. Unternehmen können befriedigend auf diesen Trieb eingehen und somit die Motivation der Mitarbeiter steigern, indem Sie z.B. ein entsprechendes Entlohnungssystem als sog. Hebel einsetzen. Die in diesem Zusammenhang durch das Unternehmen umzusetzende Maßnahme ist u.a. die Leistungsbezogene Vergütung.

Bindungstrieb

Sich binden zu wollen, stellt einen weiteren Trieb dar, der die Beziehung zu einer Einzelperson oder zu einer Gruppe darstellt. Die Unternehmenskultur an sich dient hierbei als Hebel in Bezug auf den Bindungstrieb. Dies bedeutet für das Unternehmen, konkrete Maßnahmen zur Förderung des Teamgeists, der Offenheit und Freundschaft unter den Mitarbeitern einzuleiten.

---

[6] Vgl. Merkli U.; Paschen K., Börkirchen H. (2009), Seite 25 - 26
[7] Vgl. Nohria N.; Groysberg B.; Lee L. E. (2008), Seite 22

Die Welt verstehen

Mit dem Trieb, etwas verstehen zu wollen, ist das Bedürfnis gemeint, die menschliche Neugierde zu befriedigen und die Welt als Ganzes zu begreifen. Als Hebelwirkung fundiert hierbei die Gestaltung der Arbeitsinhalte. Hieraus sind konkrete Unternehmerische Maßnahmen abzuleiten, d.h. es sind Stellen zu schaffen, die bedeutungsvoll sind und dem jeweiligen Mitarbeiter das Gefühl vermitteln, einen wichtigen Beitrag für das Unternehmen zu leisten.

Errungenes verteidigen

Der Trieb, etwas verteidigen und bewahren zu wollen, äußert sich durch das Bedürfnis, Bewährtes bewahren und Gerechtigkeit zu fördern. Prozesse der Ressourcenzuteilung und Leistungssteuerung lassen sich durch das Unternehmen als Hebel einsetzen und in konkrete Maßnahmen ableiten, z.b. durch eine transparente Verteilung von Belohnungen, Aufgaben oder anderen Formen der Anerkennung, um das Vertrauen der Mitarbeiter aufzubauen oder zu stärken.[8]

Im Kontext dessen gilt es, Motivation an sich als einen prozessorientierten Ansatz zu verstehen. Auf diesen sog. Motivationsprozess als Führungsinstrumentarium wird Kapitel 2.2 näher erläutert.

2.2 Der Motivationsprozess als Instrument zur Verhaltensbeeinflussung

2.2.1 Der einfache Motivationsprozess nach Staehle

Der Motivationsprozess geht der Frage nach, wie Motivation erzeugt wird und das Verhalten beeinflusst (Prozesstheorie der Motivation). Das einfache Motivationsmodell nach Staehle beschreibt grundlegend den Ablauf von der Empfindung eines Mangels bis zur zielorientierten Bedürfnisbefriedigung.[9] Hierbei geht Staehle im Wesentlichen auf Bedürfnisse, ähnlich wie Maslow, als Mangelempfinden ein. Ein sog. Mangelempfinden wird dann hervor gerufen, wenn der gegenwärtige Ist-Zustand eines Individuums, aufgrund von Sozialisationsaspekten nicht mehr dem Zielzustand entspricht. Hierdurch wird aus einer gegebenen Situation ein Motiv aktiviert, welches die Handlung bzw. das Verhalten aus Anreizen sowie aus gegebenen situativen Rahmenbedingungen bestimmen lässt.[10]

---

[8] Vgl. Nohria N.; Groysberg B.; Lee L. E. (2008), Seite 23 - 29
[9] Vgl. Merkli U.; Paschen K., Börkirchen H. (2009), Seite 23
[10] Vgl. Jacobsen K.L. (2006), Seite 186

2.2.2 Prozessorientierte Motivationstheorie nach Porter/ Lawler

Im Rahmen ihrer prozessorientierte Motivationstheorie erklären Lyman W. Porter und Edward E. Lawler, wie Motivation an sich entsteht und setzen Motivation, Leistung und Zufriedenheit in einen direkten Zusammenhang zueinander. Verdeutlicht wird hierbei, dass neben der Zufriedenheit an sich und der zu erwartenden Belohnung noch weitere Faktoren das Arbeits- und Leistungsverhalten von Mitarbeitern beeinflussen.[11] Diese werden in Folgendem kurz erläutert.

Anstrengung ist die Intensität des Einsatzes eines Mitarbeiters zur Erfüllung seiner Aufgaben und ist abhängig von der Wertigkeit der Belohnung. Leistung ist das von der Organisation messbare Ergebnis einer Arbeitshandlung, kann ungleich zur Anstrengung sein und ist abhängig von den Fähigkeiten, Fertigkeiten und Persönlichkeitszügen des Mitarbeiters. Belohnung ist die Folge von Leistungsverhalten entweder intrinsischer Art, d.h. als Erfolgserlebnis oder extrinsischer Art, d.h. als Bezahlung. Zufriedenheit entsteht, wenn die tatsächlich erhaltene Belohnung den Erwartungen des Mitarbeiters entspricht bzw. von diesem als angemessen empfunden wird.[12]

Dieser Ansatz verdeutlicht die Dynamik des gesamten Motivationsprozesses und gibt einen strukturierten Überblick über die gegenseitigen Abhängigkeiten der einzelnen Faktoren, jedoch sind diese einzelnen Faktoren nur schwer zu messen. Zudem ermöglichen Rückkopplungen die Einbeziehung von Lernprozessen.

3. Résumee

Motivation ist wichtig – viel wichtiger aber ist es „richtig" zu motivieren.

Anhand der in Kapitel 2.1 dargestellten Thesen von Maslow, Herzberg und McGregor und insbesondere durch die Kenntnis und entsprechende Berücksichtigung des geschilderten menschlichen Verhaltens im Rahmen der emotionalen Triebkräfte, gilt es, das Beste aus Mitarbeitern heraus zu holen. Dies können Führungskräfte erreichen, indem Sie den fundamentalsten menschlichen Bedürfnissen Rechnung tragen. Hierbei gilt es, alle vier Grundtriebe in gleichem Maße zu befriedigen, um eine optimale Mitarbeitermotivation zu erreichen und so die Unternehmensleistung zu steigern.

Im Rahmen der prozesstheoretischen Betrachtung gilt der Motivationsprozess als Führungsinstrument durch strukturierte und transparente Herangehensweise zur

---

[11] Vgl. Pleier N. (2008) , Seite 81
[12] Vgl. Merkli U.; Paschen K., Börkirchen H. (2009), Seite 32 - 34

5

Mitarbeitermotivation. Das im Kapitel 2.2.1 beschriebene einfache Motivationsmodell von Staehle berücksichtigt allerdings nicht, dass sich Mitarbeiter in einem komplexen System[13] mit begrenzter Rationalität bewegen. Nur selten kann ein Mitarbeiter völlig frei entscheiden. Vielmehr unterliegt er verschiedenartiger Restriktionen.[14] Des Weiteren hängt der Motivationsprozess nicht nur von der Bedeutung der Motive ab, vielmehr ist er von den Erwartungen des einzelnen Mitarbeiters bestimmt, ob durch das eigene Verhalten bzw. die damit zusammenhängende bestimmte Leistung erreicht werden kann und zu einem entsprechenden gewünschten Ziel bzw. Erfolg führt.[15] Dieser Seitens Porter und Lawler in ihrer prozessorientierten Motivationstheorie dargestellte Zusammenhang versteht den Motivationsprozess als einen an der Motivation der Mitarbeiter gerichteten langfristigen und umfassenden Prozess zum Führungsverhalten. Dies verdeutlicht die Notwendigkeit, Mitarbeiter richtig zu motivieren. Werden beispielsweise in Zielvereinbarungsgesprächen Leistungen der Mitarbeiter abgefordert, die weit über Ihren Potenzialen liegen, würde dies eine negative Beeinflussung in ihrem Verhalten somit ihrer Leistung zur Folge haben. Vielmehr sollten über das Führungsverhalten des Vorgesetzen Motivationsanreize geschaffen werden, die die geforderte Leistung und damit letztendlich Zufriedenheit beim Mitarbeiter bewirken.

Mein großer Motivator ist der Spaß an der Arbeit, am Erfolg.
- Siegfried Luther, ehem. Finanzvorstand Bertelsmann

---

[13] hier gemeint: Unternehmen
[14] Hiermit werden Handlungsanweisungen oder starre Prozessabläufe gemeint
[15] Vgl. Merkli U.; Paschen K., Börkirchen H. (2009), Seite 33

Literatur- und Quellenverzeichnis

J

Jacobsen L. K.: Erfolgsfaktoren bei der Unternehmensgründung: Entrepreneurship in Theorie und Praxis, 1. Auflage, Gabler – Berlin 2006

L

Lawrence P.R.; Nohria N.: Driven. Was Menschen und Organisationen antreibt, 1. Auflage, Schäffer-Poeschel – Stuttgart 2003

M

Merkli U.; Paschen K., Börkirchen H.: „Grundlagen Personalführung I" - Lerneinheit 1, Cornelsen – Berlin 2009

N

Nohria N.; Groysberg B.; Lee L. E.: „Mitarbeiter richtig motivieren" in Harvard Business Manager, Ausgabe September 2008

R

Rampersad H. K.: Die totale Performance Scorecard, 1. Auflage, Wiley – Köln 2004

P

Pleier N.: Performance-measurement-systeme und der Faktor Mensch: Leistungssteuerung effektiver gestalten, 1. Auflage, Gabler – Berlin 2008

S

Sprenger R. K.: Mythos Motivation – Wege aus der Sackgasse, 9. Auflage, Campus – Frankfurt am Main 1995